Impressum
Herausgeber: Guido Gottwald, 50259 Pulheim
Umschlaggestaltung, Illustration: Guido Gottwald

Bei gefallen würde ich mich sehr über eine positive Bewertung freuen!

Made in the USA
Monee, IL
12 April 2021